MARANATHA

MARIE-AIMÉE MANCHON

MARANATHA

Trois méditations pour l'Avent

LES ÉDITIONS DU CERF

www.editionsducerf.fr
24, rue des Tanneries
75013 Paris

ISBN : 978-2-204-14404-9

Ces méditations proviennent de trois conférences de l'Avent données au sein des Fraternités monastiques de Jérusalem à Paris en l'église Saint-Gervais-Saint-Protais, les 5, 12 et 19 décembre 2019. Des remaniements leur ont été apportés par l'auteur, nécessaires à l'édition d'un texte publié, mais l'essentiel de ce qui a été dit alors a intentionnellement été gardé. Que celles et ceux qui ont permis sa publication et ont pris le temps de le relire soient ici grandement remerciés.

L'Esprit et l'Épouse disent : Viens !
Que vienne ta Grâce,
Que ce monde passe,
Et Tu seras tout en tous !

Chant d'épiclèse de la *Messe de Rangueil*,
tirée de *La Didachè* X, 4.

Prologue

IL EST, IL ÉTAIT ET IL VIENT

Apocalypse 1, 8

Connaissez-vous l'origine du mot « Avent » ? Il dérive d'*adventus*, « arrivée, avènement » en latin. La période des quatre semaines qui précède la solennité de Noël, et y prépare patiemment, a pris ce nom puisque cette fête fait mémoire, si l'on peut dire, de l'*arrivée* de Dieu dans la chair, ou de son *avènement* parmi nous. Mais plus intéressant encore est de savoir qu'*adventus* est la traduction latine du mot grec *parousia*, qui signifie « pleine présence ». Il était utilisé dans l'Antiquité païenne pour désigner la sortie hors de son temple de la statue du dieu solennellement portée en procession à l'occasion de sa fête. Quand le dieu « sortait » ainsi, les Grecs s'empressaient de prononcer des vœux car la faveur divine était alors plus *présente* qu'à l'ordinaire. Or nous employons ce mot de *Parousie* en christianisme pour désigner la venue en gloire du Christ vainqueur à la fin des temps. On y retrouve la même idée de sortie du retrait, et de présence effective et durable, mais d'une façon plus prégnante encore, car ce n'est pas une « statue d'or ou d'argent, de bois ou de pierre », qui a « une bouche et ne parle pas, des yeux et ne voit pas, des oreilles et n'entend pas » (Ps 113B, 5-6) dont nous préparons l'advenue, mais bien celle du Dieu vivant, du Verbe de Vie, qui voit, entend et parle, qui touche et sent, car il est de notre chair – et qui plus est, ressuscitée. Il s'est fait vraiment l'un de nous, Celui qui était de toute éternité avec et pour nous.

Cette présence manifeste, « en sortie » pour parler comme le pape François, se décline donc entre la *venue dans la chair* du Verbe de Dieu *(adventus)* et la *Présence en gloire* du Christ Juge miséricordieux *(parousia)*, ces deux thèmes étant récurrents dans les lectures liturgiques du temps de l'Avent. Les Pères de l'Église déjà l'ont souligné à l'envi. Mais de ces deux sens du mot « avent », nous pouvons facilement déceler une troisième sorte de venue qui fait le lien entre Noël et la fin des temps. Ce troisième avènement a été repéré par les moines cisterciens du Moyen Âge, parmi lesquels saint Bernard de Clairvaux est le plus connu : si le Christ *est venu* dans la chair, et qu'*Il viendra* dans la gloire, c'est signe qu'*Il vient dès à présent* dans nos cœurs. Ce seront donc les trois thèmes des trois méditations ici proposées. Son ami et disciple, Bienheureux Guerric, abbé d'Igny, les réinvestit à sa manière dans des sermons de toute beauté. Moins célèbre que son maître, c'est lui cependant qui nous accompagnera ici, avec l'un ou l'autre auteur plus contemporain, tels Bernanos, Péguy ou Claudel. Car les mêmes thèmes se répondent d'une époque à une autre quand on cherche avec cœur la Vérité. Mais commençons par écouter le *Doctor mellifluus*[1] :

> Il y a en effet un troisième avènement intermédiaire entre les deux autres. [...] Si

---

1. Titre donné à saint Bernard de son vivant (« celui dont l'enseignement est aussi doux que le miel ») qui souligne à la fois ses talents d'orateur, la suavité de son autorité et sa référence constante à la sagesse des Écritures, comparée au miel dans le Psautier.

les deux avènements sont manifestes, celui-ci ne l'est pas. Dans le premier, le Seigneur a été visible sur la terre et il a vécu parmi les hommes [Baruch 3, 38], c'est le temps où, selon son propre témoignage, « ils l'ont vu et ils l'ont pris en haine » [Jean 15, 24]. Lors du dernier avènement, « toute chair verra le salut de notre Dieu » [Luc 3, 6], et les hommes « verront celui qu'ils ont transpercé » [Jean 19, 37]. L'avènement intermédiaire, lui, est intime : en cette venue, seuls les élus le voient au dedans d'eux-mêmes et leur âme en est sauvée. Dans le premier donc, il vient dans la chair et la faiblesse ; dans celui du milieu, il vient dans l'Esprit et la puissance. Dans le dernier il vient dans la gloire et la majesté. [...] Cet avènement intermédiaire est ainsi comme un chemin par lequel on va du premier au dernier. Dans le premier, le Christ a été notre rédemption ; dans le dernier, il apparaîtra comme notre vie ; et dans celui-ci, il est notre repos et notre réconfort[1].

L'Avent médite sur ces trois avènements, dans lesquels Dieu se fait tout *proche* puisqu'*à l'approche*. Il est le temps feutré et chaleureux de la joie de cette proximité de Dieu, qui seule peut nous rendre proches les uns des autres au point de nous faire le *prochain* de chacun. Proximité exigeante donc aussi, et qui suppose une disponibilité creusée par la conversion et la pénitence. « Convertissez-vous car le Royaume de Dieu est tout proche ! » : la première

---

1. BERNARD DE CLAIRVAUX, *Ve Sermon pour l'Avent*, 1 dans *Sermons pour l'année*, t. I, 1 *(Avent et vigile de Noël)*, Paris, Éd. du Cerf, 2004, coll. « Sources chrétiennes », n° 480, p. [169]-171.

parole de Jean le Baptiste, grande figure de ce temps de l'Avent, en appelle à nous face à l'imminence de l'advenue du Royaume (Matthieu 3, 2). Jésus reprendra ces paroles en les accomplissant puisqu'il est à la fois la Proximité de Dieu, la Rémission elle-même et le Royaume en personne (Matthieu 4, 17). Parce qu'« à tous ceux qui ont reçu sa venue, il a donné pouvoir de devenir enfants de Dieu » (Jean 1, 12), enfants c'est-à-dire familiers, héritiers, très aimés – de Dieu les tout-proches. La conséquence est sans ambages dans la vie de ceux qui l'accueillent : « Lui, il faut qu'il grandisse et moi que je diminue » (Jean 3, 30), comme le déclare encore le Précurseur. Voici la véritable grandeur, et de Dieu en sa condescendance, et de l'homme en sa reconnaissance.

Maranatha ! Le cri liturgique spécifique au temps de l'Avent, que l'on trouve dans la Première lettre de Paul aux Corinthiens (16, 22) et qui est aussi la finale du dernier livre de la Bible (Apocalypse 22, 20), résume à merveille l'enjeu ici souligné : ce mot hébreu signifie en effet à la fois l'imploration « Viens Seigneur ! » *(Marana tha)* et le constat joyeux « Notre Seigneur est venu » *(Maran atha).* Il clame ainsi à lui tout seul que le Salut est déjà offert et pourtant encore à accueillir. Il exprime que c'est donc « maintenant le moment favorable » (2 Corinthiens 6, 2) pour s'apprêter à l'imminence de la Rencontre, que Noël va célébrer en un *Aujourd'hui (Hodie)* toujours renouvelé. Oui, « Il est, il était et il vient » (Apocalypse 1, 8), dans la chair, dans la gloire, dans nos cœurs.

Première méditation

IL EST VENU DANS LA CHAIR

« Avent », *adventus*, traduit en latin ce que le grec nomme *parousia.* Ce mot vient du verbe *pareimi* qui veut dire littéralement « je suis » *(eimi)*, « auprès de » *(par-).* Ainsi cela signifie à la fois « être là, être présent, être arrivé, être venu ou venir vers », mais aussi « être auprès de ». Il y a donc dans ce mot une acception à la fois d'approche (avènement) et de proximité (présence). En se faisant chair, le Verbe est *venu auprès de* nous.

Venir *auprès* de quelqu'un, c'est plus que seulement arriver. Se tenir *auprès* de quelqu'un, c'est plus que simplement être là. C'est demeurer dans ce « là », c'est durer dans cette proximité. L'Avent est cette célébration de Dieu *à l'approche*, de Dieu qui ne cesse de venir et de se faire tout proche. Voilà déjà un sujet de joie. Mais il y a plus encore : *parousia* a donné notre mot « Parousie » en français, terme qui désigne la dernière venue de Jésus comme juge des vivants et des morts à la fin des temps. Il sera alors enfin pleinement présent à tous, étant présent « tout en tous » (1 Corinthiens 15, 28). Il nous sera proche comme jamais car nous serons *auprès de lui* à jamais, *présents* pleinement à sa *présence pleine*.

Le temps de l'Avent est donc, certes, un temps préparatoire au cycle liturgique de Noël, mais c'est aussi, et peut-être avant tout, un temps de prise de conscience, en Église, de la *proximité* de Dieu. Dieu n'est pas loin, au-delà des nuages, dans un ciel sidéral dont l'immensité nous écraserait, ou dans la nébuleuse d'une énergie vague et finalement sans consistance. Il n'est pas cet œil implacable qui suit de loin nos mauvais pas pour nous attendre au tournant, ni cet être indifférent qui reste à distance de nos détresses ou de nos allégresses. Non. Dieu est celui qui se plaît à venir *auprès de* nous, tout près de nous, parmi nous. Il est l'*Emmanuel*. C'est bien ce que nous fêterons à Noël. Mais c'est aussi notre espérance pour le Ciel. Cette proximité, en effet, a d'heureuses conséquences fort bien décrites par le Bienheureux Guerric d'Igny dans son *Premier sermon pour la Nativité* :

> L'art de la miséricorde mélangea la béatitude de Dieu et la misère de l'homme

dans un unique médiateur, en sorte que, en vertu du mystère d'unité, par la vertu de la résurrection, la béatitude absorbât la misère, la vie dévorât la mort, et l'homme glorifié entrât tout entier en participation de la nature divine[1].

C'est ce que nous appelons la *Bonne Nouvelle*.

Il est venu dans la chair, il y a plus de deux mille ans. Nous le fêterons à Noël. Mais est-ce seulement une joie passée ? À commémorer chaque année ? Et s'il était venu alors pour venir à nous dès lors ? N'avons-nous pas ce désir de sentir Dieu auprès de

1. Guerric d'Igny, *Premier sermon pour la Nativité*, 1, dans *Sermons*, t. I, Paris, Éd. du Cerf, 1970, coll. « Sources chrétiennes », n° 166, p. 167.

nous, de le goûter, ou mieux encore d'être vu de lui et de s'en laisser toucher ? Or sa proximité ne pourra se faire tangible sans une intimité, chaste, humble et vierge. Le contact de Dieu n'advient qu'avec tact. L'Avent nous apprend, à l'école de Marie, cette attitude d'accueil par le recueillement des signes discrets, intimes, ténus, de la venue de Dieu parmi nous, dans le secret d'un cœur pauvre, qui écoute ce « presque là » qui se dessine silencieusement dans la « chair » de chaque sourire, de chaque main tendue, de chaque encouragement du regard ou de la parole. Car est proche ce qui est « non pas là, mais presque là[1] ».

1. J.-Y. Lacoste, *Note sur le temps, essai sur les raisons de la mémoire et de l'espérance*, Paris, PUF, 1990, p. 193.

Il y a un écart, une distance, douloureuse parfois, mais qui fait aussi la joie du désir. Le « presque » dit que peu s'en faut pour que cela soit, ou plutôt pour que cela se voit. Car en réalité, nous sommes dans la situation du patriarche Jacob qui s'écrit : « Dieu était là et je ne le savais pas ! » (Genèse 28, 16).

Nous n'avons pas les yeux pour voir, ou nous ne les avons plus. Un cistercien, contemporain cette fois, frère Jean-Baptiste Porion, avait cette expression admirable : « Dieu est visible à l'œil nu : il n'y a que la nudité qui manque[1]. » Là est

1. Dom J.-B. Porion, « Lettre à l'abbé Charles Journet du 1er octobre 1961 », *Lettres et écrits spirituels*, Paris, Beauchesne, 2012, p. 203.

notre responsabilité : la présence divine ne peut se manifester dès ici-bas que si elle trouve un espace disponible, un lieu d'accueil vierge où elle puisse apparaître et se donner à plein. Peu importe alors la pauvreté de ce lieu ; au contraire, elle est un atout : une grotte ou une crèche ont très bien fait son affaire. Il lui faut seulement un creux, un manque, une faille. Un *presque rien*. Il nous faut ce dénuement qui nous donne de voir « à l'œil nu » Dieu qui s'avance auprès de nous. Lui-même a fait le premier pas de la pauvreté, celui qui coûte, pour que nous osions venir à lui le plus simplement du monde. L'Avent est ce temps qui creuse en nous de l'espace. Ce temps marial qui donne lieu pour l'advenue de Dieu « presque là ». Ne passons pas à côté de ce creuset qui purifie dans la douceur d'une attente patiente et sereine.

Il faut être simple pour venir auprès de ceux qu'on aime. On y vient sans façon, sans détours. Sans même trop se faire annoncer. Il y avait bien une attente dans le peuple élu, il y eut des prophètes, des oracles, mais Dieu n'a pas fait sonner les trompettes devant lui lorsqu'il est venu enfin se donner lui-même pour de bon (Matthieu 6, 2).

> Le Verbe s'est fait chair et les journalistes de ce temps-là n'en ont rien su ! […] La simplicité de Dieu, l'effrayante simplicité de Dieu qui a damné l'orgueil des Anges[1] !

1. G. BERNANOS, *Journal d'un curé de campagne*, dans *Œuvres romanesques complètes*, t. II, Paris,

Dieu est venu par-derrière, caché, mystérieux, à la manière des enfants qui jouent à se surprendre en mettant leurs petites mains sur les yeux des autres. Nos yeux à nous étaient aveuglés, et les mains du nouveau-né, en s'y posant subrepticement, nous ont rendu la clarté. Maintenant, il faudrait se forcer à fermer les yeux devant la crèche pour ne pas y lire l'incroyable amour d'un Dieu qui se fait proche. Cela est toujours possible, pour notre malheur. Selon notre liberté. Car nous pouvons aussi choisir de contempler ce Mystère encore et encore ; et de nous remplir le cœur de cette lumière en y buvant des yeux à longs traits. Si l'éclat nous fait mal tant il resplendit dans la

---

Gallimard, coll. « Bibliothèque de la Pléiade », 2015, p. 355.

noirceur de ce monde ou de nos ténèbres, baisser alors le regard tout doucement, en adorant, et trouver sa joie à céder ainsi humblement à l'incandescence de l'Innocence. Le Verbe s'est fait chair pour nous rendre la vue ; il s'est fait voir pour transfigurer toute chair. « Quelle est la grande nation dont les dieux soient aussi proches que le Seigneur notre Dieu s'est fait proche de nous ? » (Deutéronome 4, 7).

Marie, la première, a su et a vécu cette garde intime en son cœur, et c'est ainsi qu'elle a pu concevoir en son esprit et en sa chair que le Royaume n'est pas à proprement parler un lieu, un espace, ni même un temps ou un état, mais un visage et un corps. Un visage intime en sa chair (car elle est la nôtre) et inattendu en sa douceur (car celle-ci n'est pas nôtre). Et un corps unique et multiple tout à la fois car composé de tous les enfants de Dieu « rassemblés dans l'unité » (Jean 11, 52). Ce visage de Jésus nous est à la fois si proche et tellement transcendant. Ce Corps de Jésus, nous découvrons que nous sommes ses membres « chacun pour sa part » (1 Corinthiens 12, 27), animés par le même Esprit depuis notre baptême. Mais parfois nous constatons que nous nous sommes laissés quelque peu ankylosés. La vie du Christ semble ne plus circuler librement en nous, nous affirmons un temps avoir perdu la foi. Or Bernanos l'a constaté crûment :

> On ne perd pas la foi, elle cesse d'informer la vie, voilà tout. [...] Je n'ai pas perdu la foi. [...] Ma foi reste intacte, je le sens. Où elle

est, je ne puis l'atteindre. Je ne la retrouve ni dans ma pauvre cervelle, incapable d'associer correctement deux idées, qui ne travaille que sur des images presque délirantes, ni dans ma sensibilité, ni même dans ma conscience. Il me semble parfois qu'elle s'est retirée, qu'elle subsiste là où certes je ne l'eusse pas cherchée, dans ma chair, dans ma misérable chair, dans mon sang et dans ma chair, ma chair périssable, mais baptisée[1].

Il est venu dans la chair, dans la nôtre, il l'a épousée, sanctifiée, et désormais il y demeure. Il s'est fait si proche de notre humanité qu'on ne pense pas à le chercher là. Dans le plus concret de notre vie humaine. On préférerait parfois un Dieu plus vaporeux, plus éthéré qui engage moins.

1. *Ibid.*, p. 287.

Le Maître que nous servons ne juge pas notre vie seulement – il la partage, il l'assume. Nous aurions beaucoup moins de peine à contenter un Dieu géomètre et moraliste[1].

L'amour nous touche de si près que nous le reconnaissons tout de suite, mais il nous est aussi par trop étranger en sa démesure, au point que nous avons du mal à nous mettre à sa suite. Notre joie cependant est qu'il règne parmi nous, incognito souvent, mais réellement présent. Et qu'il nous incorpore à lui. L'incarnation n'est pas terminée, elle est continuée en l'Église car Jésus est ressuscité, bien vivant au cœur de nos vies données.

Dieu a pris un corps d'homme, personnel, singulier. Et c'est déjà une affirmation

1. *Ibid.*, p. 257.

énorme dans un contexte antique où le corps était dénigré, ou dans notre contexte actuel où, exhibé sans cesse, il est méprisé en fait, dans ses limites que l'on se gargarise de transgresser de plus en plus. Mais si le corps humain a pris une dignité nouvelle et inaliénable par l'Incarnation du Dieu fait homme, c'est aussi et avant tout parce qu'il est une chair, c'est-à-dire un corps vécu, transi d'esprit et habité d'âme. Un corps qui pâtit et peut donc compatir. C'est la grande nouveauté du christianisme et nous devons oser la proclamer avec fierté : nous avons un Dieu fait chair, un Dieu qui s'est fait notre frère, qui peut nous comprendre car il nous connaît de l'intérieur, car il sait ce que c'est que de souffrir. Un Dieu qui a assumé tout ce que nous sommes, corps, âme, esprit, cœur. Voilà pourquoi il peut être pleinement présent à toute chair, maintenant. Si nous arborons dans toutes nos églises des crucifix, ce n'est pas parce que nous serions obnubilés par la mort et la souffrance, mais c'est parce que c'est la preuve étonnante de cette proximité jusqu'au bout, jusqu'à nous, du Dieu chrétien. Il s'est fait l'un de nous jusqu'à mourir notre mort, jusqu'à souffrir notre douleur, pour nous en relever en sa joyeuse et glorieuse résurrection. Nous ne sommes plus jamais seuls : il est venu. Il sait, il l'a vécu. Nous ne sommes plus jamais incompris, il est venu. Il sait, il a vu. Nous ne sommes plus jamais perdus, il est venu. Il sait, il a vaincu. Voilà comment il nous a sauvés. Voilà comment il s'est fait proche. Voilà jusqu'où va le mystère de la Nativité.

Deuxième méditation

IL VIENDRA DANS LA GLOIRE

La venue finale, nous l'attendons tous avec impatience : quand Dieu sera enfin *tout en tous*, vainqueur de tout mal et de tout mensonge, régnant sur un monde de paix, de joie et de sainteté enfin recouvrés. Jour que pourtant nous redoutons en même temps avec crainte, car elle signe la fin *d'un* monde, si ce n'est la fin *du* monde, en tout cas la fin de ce que nous connaissons comme *notre* monde, qui sera alors jugé à l'aune de l'amour divin. Monde de douleur et de détresse éplorées que nous aimerions voir passer au plus vite, donc, mais monde aussi de splendeur et de tendresse partagées dont le déchirement, ou la brisure définitive, apparaît trop triste à nos yeux. Car le charnel a une épaisseur dont nous sentons confusément, même si elle nous fait souffrir en bien des endroits par sa pesanteur, qu'elle offre une densité que le purement spirituel ne parvient pas à détrôner en nous. Comme le dit admirablement Charles Péguy qui va nous accompagner en cette méditation :

> À toutes les créatures, il manque quelque chose, et non point seulement de n'être pas Créateur. À celles qui sont charnelles, nous le savons, il manque d'être pures. Mais à celles qui sont pures, il faut le savoir, il manque d'être charnelles[1].

1. C. PÉGUY, *Le Porche du mystère de la Deuxième vertu*, Dans *Œuvres poétiques complètes*,

La venue en gloire de Jésus n'est donc peut-être pas à comprendre comme la désagrégation du monde et l'antithèse de sa venue en chair. Comme si Dieu qui « a tant aimé le monde qu'il lui a donné son Fils unique » (Jean 3, 16), son Verbe, reprenait sa Parole à la fin, en une catastrophe planétaire qui bifferait le lieu de son don. Tous les discours apocalyptiques – en une Apocalypse mal comprise – qui en appellent à la fin du monde comme à une dernière déchéance avant son anéantissement complet, ne prennent pas en compte le salut de la chair accompli par Jésus ressuscité.

Nous sommes bien capables de nous autodétruire, et nous avons peut-être raison

---

Paris, Gallimard, coll. « Bibliothèque de La Pléiade », 1957, p. 578.

de trembler face à notre déraison. Mais croyons-nous que Dieu est plus capable encore de nous relever, de nous convertir, si nous le laissons faire ? Avons-nous foi en sa puissance de résurrection plus forte que toute ténèbre ? Sa venue à la fin dans la gloire n'est que l'autre versant de sa venue au commencement dans la chair. S'il nous a aimés, il nous aimera, parce que de toute éternité, étant Dieu, il nous aime. Aussi ne faut-il pas craindre démesurément le déchaînement des éléments, qui, certes, ne manquera pas de se produire – car le mal assurément combat contre Dieu, et sa logique est bien de saper, de salir et d'anéantir ce que Dieu patiemment se plaît à bâtir et à façonner dans la gratuité. Mais tout le mal du monde ne pourra changer la donne (ou le don) de Celui qui est à jamais l'Emmanuel, Dieu avec nous, Dieu de notre côté, Dieu à nos côtés, Dieu au monde de la chair et dans la chair du monde, douloureusement et glorieusement. « Dans le monde vous aurez à souffrir, mais gardez courage, Moi, j'ai vaincu le monde » (Jean 16, 33).

Cette victoire du Christ ressuscité nous est acquise. Même si c'est « en espérance » que nous sommes sauvés (Romains 8, 24), « l'espérance ne déçoit pas » (Romains 5, 5) et notre attente doit demeurer confiante. Car *il vient* le Seigneur, et non pas d'abord demain ou tout à la fin, à l'extrême pointe du temps – au risque d'arriver trop tard – mais déjà aujourd'hui, maintenant, à chaque instant, juste à temps. Car *il est vivant*, le Christ, comme s'est plu à le rappeler aux jeunes le pape François[1]. Il est là, il vit, donc il vient. Il n'est pas l'absent qui reviendra plus tard, ou sur le tard, quand on ne l'attend plus, en une advenue à l'improviste douloureuse car non avenue. Un Dieu de la mauvaise surprise, en somme. En tous les cas, il ne l'est *pas pour nous* qui l'espérons durant ce temps de l'Avent. Car espérer de quelqu'un, attendre de lui quelque chose, croire qu'il a à donner, c'est déjà l'aimer. C'est peut-être même l'une des plus belles formes de l'amour. Aimer, c'est offrir à l'autre la possibilité de nous surprendre, de se donner comme on ne l'attendait pas, ou plus. Lui permettre de nous faire une *bonne* surprise. Or, espérons-nous encore

1. Pape François, *Christus vivit (Il vit, le Christ)*, Exhortation apostolique post-synodale, 25 mars 2019.

du nouveau de Dieu ? Attendons-nous de lui de l'inattendu ? Ou sommes-nous des blasés spirituels, les « habitués » de la grâce que dénonce Péguy ?

> Quand toute la matière de l'être est occupée à l'habitude, à la mémoire, au durcissement, quand il ne reste plus un atome de matière pour le nouveau qui est la vie[1]...

La vie suppose l'attente ; ne plus rien en attendre est mortifère. Notre monde, lorsqu'il n'attend plus rien de Dieu, lorsqu'il n'espère plus rien de lui, le déclare mort. Mais ce n'est pas Dieu qui est mort, c'est l'attente

1. C. PÉGUY, *Note conjointe sur M. Descartes et la philosophie cartésienne*, dans *Œuvres en prose*, 1909-1914, Paris, Gallimard, coll. « Bibliothèque de La Pléiade », 1961, p. 1398.

amoureuse et le désir de l'âme. Or devant le Dieu chrétien toute mort est encore possibilité de renaissance. « Elle n'est pas morte, elle dort », disait Jésus de la fille de Jaïre pourtant déjà froide, avant de la ressusciter (Luc 8, 52). L'attente de Dieu s'est donc endormie en ce monde. Mais l'Église nous offre le temps de l'Avent pour la réveiller, la re-susciter. L'Avent appelle des *veilleurs*, c'est-à-dire des hommes et des femmes qui savent *attendre* des autres, et du Tout-Autre, parce qu'ils aiment. Leur attente, leur veille est signe de vie, et ne sera pas déçue par le Dieu vivant.

Veiller, le mot est d'importance ici, et il est à creuser encore dans la perspective finale de la Parousie. La veille dont il s'agit est de ne pas laisser nos jugements éteindre l'espérance en Dieu ou endormir toute possibilité de bonne surprise par les autres. La veille qui prépare au Jugement final, c'est de croire encore à un commencement possible pour l'autre, pour Dieu, et jusqu'à nous-mêmes, par notre non-jugement. Par-delà même le mal qui s'essaie à pervertir les bonnes en mauvaises surprises. En effet, saint Jacques nous avertit : « Le jugement est sans miséricorde pour qui n'a pas fait miséricorde, mais la miséricorde se moque du jugement » (Jacques 2, 13) et elle espère toujours à nouveau de celui à qui elle s'offre. Notre vigilance sera l'ouverture au don tel qu'on ne l'attend pas, lors même qu'on l'espère de tout notre être. On attendait « quelque chose » de Dieu, et il s'est donné lui-même. On espérait « un don » et il a offert son pardon, par-delà tous les dons. De ce pardon reçu à l'infini, nous pouvons à notre tour pardonner jusqu'à l'impardonnable.

C'est que Dieu, lui, espère éperdument en nous, depuis le commencement. Il attend cela de nous, rien de moins, et nous offre sans mesure la grâce de sa démesure d'amour. Nous avons donc le devoir de lui rendre cette espérance en espérant éperdument de lui jusqu'à la fin, en attendant tout de sa miséricorde au final. Péguy disait, dans *Le Porche du mystère de la Deuxième vertu*, et tout se résume sans doute à cela : « Il faut faire espérance à Dieu, il nous a bien fait espérance à nous[1]. » Alors seulement il pourra nous donner, il pourra se donner. Ainsi peut-il être infiniment lui-même : non le Dieu de la mauvaise surprise, mais le Dieu de la Bonne

1. C. Péguy, *Le porche du mystère de la Deuxième vertu*, p. 603.

nouvelle qui advient, et ne cesse d'advenir pile au bon moment pour sauver ce qui doit l'être. Le Dieu qui répond à l'espérance, par l'inespéré de sa miséricorde.

Si donc l'espérance est le propre de l'homme – selon ce que nous enseigne Péguy, encore lui, lorsqu'il fait s'exclamer Dieu en ces termes :

> L'espérance, dit Dieu, voilà ce qui m'étonne. Moi-même. Ça c'est étonnant. Que ces pauvres enfants voient comme tout ça se passe aujourd'hui et qu'ils croient que ça ira mieux demain matin. Ça c'est étonnant, et c'est bien la plus grande merveille de notre grâce. Et j'en suis étonné moi-même[1]

1. *Ibid.*, p. 534.

— c'est toutefois l'inespéré qui se révèle être la signature de Dieu[1]. Dans son advenue, rien de figé ni de maîtrisable ; les algorithmes les plus sophistiqués, les statistiques les plus poussées des robots les plus perfectionnés, les malversations les plus alambiquées et les péchés les plus raffinés seront toujours déjoués par le Dieu de la surprise finale qui, précisément, déjoue car il joue en la gratuité de sa grâce, sans se jouer de nous pour autant. Tout péché, au final, sera confondu par l'Inespéré de Dieu, pourvu toutefois que

1. « Toute action divine déconcerte : elle déjoue nos attentes et nos calculs, nos espoirs et nos craintes de façon saisissante. […] nous ne sommes pas la mesure du divin, il nous échappe au moment même où nous ne lui échappons pas », J.-L. CHRÉTIEN, *L'inoubliable et l'inespéré*, Paris, Desclée de Brouwer, 2014, p. 143.

nous communiions à son Esprit d'enfance qui « souffle où il veut » (Jean 3, 8).

La veille patiente de l'Avent nous rappelle cette gracieuseté fondamentale de l'amour qui seule peut encore nous sauver. Gratuité précisément inespérée quand on veut nous faire accroire que tout se mérite ou se venge, s'achète ou se vend, se calcule et se traduit en une série de 0 et de 1, du son à l'image, du corps à l'organe, du mot à l'intelligence. La fin des temps sera l'advenue de l'Inespéré, à la fois plus qu'attendu et hors de toute attente car nous ne pouvons pas ne pas espérer, mais nous n'espérons qu'à notre petite mesure, bien finie, lors même que l'amour et la miséricorde de Dieu dépassent toute mesure, à l'infini. Guerric d'Igny ne dit pas autre chose quand il exhorte ses frères :

Fixez là-haut votre pensée, et que votre attente soit suspendue à Dieu. [...] « Suspendu », expression belle et exacte, qui signifie qu'étant entre ciel et terre, on peut encore atteindre les biens célestes, sans pour autant vouloir toucher les choses de la terre. Et si parfois on les touche, ce n'est que de la pointe des pieds[1].

Non pas en les méprisant – car alors on ne les effleurerait pas, on les écraserait – mais comme pour y prendre son élan pour s'élancer plus avant. Heureuse suspension qu'est l'espérance en l'inespéré de Dieu ! L'Avent nous apprend à demeurer suspendus, non à des paroles humaines, mais

1. GUERRIC D'IGNY, *Premier sermon pour l'Avent*, 1 et 3, dans *Sermons*, t. I, p. 93 puis 99.

au Verbe lui-même, Promesse de Vie, qui s'en vient nous attirer jusqu'à lui.

Au final – et telle est bien notre fin –, nous nous découvrirons donc nous-mêmes *attendus* dans cette advenue. Nous sommes *espérés* de Dieu, des anges et des saints du Royaume qui vient, ou mieux *in-espérés*, attendus ardemment du Ressuscité lui-même qui nous attire à lui en advenant *en* nous *(in-).* « Demeurez en Moi comme Je demeure en vous » (Jean 15, 4), alors vous découvrirez de plus en plus que « vos noms sont inscrits dans les cieux » (Luc 10, 20). N'est-ce pas inespéré ? Que Jésus advienne signifie donc qu'il vient en nous attirant à lui, « tous les jours jusqu'à la fin du monde » (Matthieu 28, 20), dans l'exigence d'une entière dépossession, de son côté comme du nôtre. Mutuelle présence donc, du « presque là », dans une large pauvreté partagée, celle de ceux qui attendent tout de l'autre au point de s'y livrer. Au Ciel enfin, à la fin, tout ceci sera réalisé. Mais dès maintenant, en l'Esprit de sainteté, d'enfance et de gratuité, tout est déjà commencé. L'Avent nous propose précisément de vivre de cet inespéré et d'y veiller.

Troisième méditation

IL VIENT DANS NOS CŒURS

Dire de Dieu qu'*il est venu* et qu'*il viendra*, cela revient à dire qu'*il vient*. Passé et avenir ne sont en effet en Lui que la mémoire et la promesse d'un éternel présent plein d'amour. Dieu vient *présentement*, car aimer doit se vivre au présent pour être vrai. Présentement, au présent, et comme un présent, comme un don, un cadeau. Le vrai cadeau de Noël, c'est celui-là, et nul autre. Il est encore emballé à nos yeux à ce jour, et nous soupirons après lui en une série de « ô ! » qui se font de jour en jour plus pressants dans la liturgie, mais nous pouvons déjà deviner quelque peu ce qu'il recèle en cette semaine préparatoire à Noël[1]. Nous pouvons entrapercevoir la forme de cette venue si particulière, à travers le papier-cadeau étoilé, sous les branches du sapin dont les boules cramoisies évoquent le fruit du premier péché, tout près de la crèche en attente du Sauveur qui va précisément le racheter. Bienheureux Guerric d'Igny écrit en effet :

> Entre la forme de la chair [à Noël] et la forme du Verbe [à la Parousie], il existe comme un degré intermédiaire pour passer

1. Allusion aux antiennes grégoriennes des derniers jours de l'Avent appelées « Antiennes Ô » car elles commencent toutes par ce soupir associé à un titre messianique et qui forment à l'envers l'acrostiche latine ERO CRAS « Demain je serai là » : *ô Sapientia, ô* Adon*aï, ô* R*adix Jesse ; ô* C*lavis David, ô* O*riens, ô* R*ex Gentium, ô* E*mmanuel.*

> de l'une à l'autre. C'est une autre forme encore du Christ : elle est spirituelle [...] c'est la forme de la vie qu'il a menée dans son corps pour servir de modèle à ceux qui allaient croire en lui[1].

Jésus qui vient au présent, c'est Jésus qui vient nous faire le présent de « la forme de sa vie », le don de sa sainte humanité emplie d'Esprit Saint qui seule peut à la fin nous *conformer* à lui, nous diviniser. Le don de son Incarnation continuée.

---

1. Guerric d'Igny, *Sermon 2 pour la nativité de Marie*, 1 dans *Sermons*, t. II, Paris, Éd. du Cerf, coll. « Sources chrétiennes », n° 202, 1973, p. 489. Nous donnons ici la traduction remaniée de B.-J. Samain pour *Collectanea Cisterciansia* n° 69, 2007, p. 269.

« Le Verbe s'est fait chair et il a habité parmi nous » (Jean 1, 14) : habiter, c'est durer dans la demeurance. À Noël, Dieu vient pour faire briller sa présence, au plus fort de la nuit, au plus froid de la mort. Mais il vient aussi pour la faire durer, à travers toute nuit et toute mort. À travers notre nuit et notre mort. Sa présence nous justifie sans relâche, et sa venue ne cesse de nous attirer à lui, tout pécheur que nous soyons. Paul Claudel fait dire à Dieu en ce sens :

> Je suis un père, dit Dieu, et c'est ça qui est mes enfants ? C'est cela qu'ils font de cette âme en eux que Je leur ai communiquée et qui ne cesse de tenir à Moi ! [...] Eux, ce qu'ils ont fait et ce qu'ils se sont fait ! [...] Que voulez-vous que je fasse contre la Justice ? Il ne me restait plus qu'à payer Moi-même, comme

vous diriez, de Ma chair, de Mon cœur, de cette chair et de ce cœur que Je me suis procurés, et de Ma substance ! Vous m'avez poussé à bout ! Vous m'avez obligé – et tant pis pour vous si vous ne comprenez pas – à rétrograder jusqu'à l'extrémité de l'avenir, à prendre position sur ma position clef, ma position inexpugnable, et c'est de là que Je m'adresse à vous ! [...] Je suis capable de reculer dans l'avenir ! d'un trait, d'un recul, d'une aspiration qui soit capable de tout attirer jusqu'à soi[1].

Cette « position inexpugnable » qui attire tout à soi n'est autre que la miséricorde insondable d'un Dieu qui se livre pour nous sauver. Le Salut annoncé, la vie à venir,

1. P. CLAUDEL, *L'évangile d'Isaïe*, dans *Le poète et la Bible*, t. II, 1945-1955, Paris, Gallimard, 2004, p. 655.

sont désormais commencés. Tout est donné à la Croix et demeure donné jusque dans la Résurrection. Tout est habité maintenant de la possibilité du Salut, de la proximité d'une Présence. Si le Christ Jésus est monté au Cieux à l'Ascension, il n'est pas reparti, il ne s'est pas absenté de notre réalité : il a voulu au contraire encore plus y demeurer, mais autrement, plus profondément encore, plus intérieurement, plus universellement. Et il a inventé le Noël continué qu'est l'eucharistie.

Voici un cadeau d'Incarnation tout à fait spécial car il transforme celui qui le reçoit. Il l'informe, c'est-à-dire le conforme, le configure à lui. Jésus vient ainsi nous donner les traits de son cœur doux et humble, le style filial de sa relation au Père, la tournure chaste, pauvre et obéissante de son Esprit Saint. Il vient faire de sa Vie notre vie, il vient faire de son Cœur notre cœur. Cette venue-là, c'est elle que nous fêterons à Noël. Pour nous le signifier, la liturgie nous invitera à communier trois fois dans la même journée ! Pour que cette vie de Jésus-eucharistie imprègne toute notre vie, dans sa nuit (messe de minuit), dans sa pauvreté (messe de l'aurore ou des bergers), dans sa vérité (messe solennelle du jour de Noël). Parce que la messe, c'est le lieu où Dieu vient *auprès* de nous, où il se donne à nous, *pleinement présent* de sa présence réelle ; et c'est aussi le moment où *nous attendons de lui*, où nous nous livrons ensemble à cette conformation pascale, à cette configuration étonnante. Le lieu d'un « admirable échange » pour le dire avec les

Pères de l'Église, où Dieu prend sur lui ce que nous sommes, et où nous recevons en nous ce qu'Il est. Un corps à corps pour un cœur à cœur, au point d'avoir comme lui ensuite, avec tous, le cœur sur la main.

Une seule question se pose alors ici en ces derniers jours de l'Avent : Si Dieu vient à nous pour se donner, venons-nous à lui pour le recevoir ? Sommes-nous disposés à ouvrir ce cadeau, à le faire nôtre ? Que choisirons-nous alors : le consommer ou y communier, pour à notre tour le donner en nous aimant comme il nous a aimés (Jean 15, 12) ? Il ne s'agit pas ici d'une question de morale, mais d'une attitude profonde de notre cœur face à Celui qui vient. Noël sans la messe, la vie sans l'incarnation effective de Jésus en nos cœurs, la foi sans la charité, ne serait-ce pas comme un cadeau jamais déballé, qui resterait au pied d'un sapin jamais rangé, sapin qui perdrait sa verdure sous les boules poussiéreuses devenues trop lourdes, surplombant une crèche où la mangeoire resterait immensément vide entre des santons désespérément immobiles ? Mais Dieu vient justement nous sauver de cela, de ce tableau si triste, de cette sombre nature morte, trop morte ! L'étoile de Noël brille déjà au loin ; elle anime et vivifie tout ce qu'elle touche de sa traînée de lumière. Elle passe à chaque eucharistie, filante entre les fibres de nos cœurs étonnés, qui s'en trouvent tout regonflés, de joie et de paix retrouvées. « L'Esprit et l'épouse disent : viens ! Que celui qui entende dise : Viens ! Celui qui a soif, qu'il vienne. [...] – Oui, Je viens sans tarder – Amen ! *Marana tha !*

Viens Seigneur Jésus ! » (Apocalypse 22, 17 et 20)

La clarté stellaire au cœur de nos nuits les plus noires nous apprend ce qu'est l'eucharistie : non seulement un don, un mémorial, un sacrifice, mais aussi une *action de grâce* en commun *(eucharistia)*, un émerveillement réciproque, un merci mutuel. Car pour qu'il y ait *événement* de don, il faut qu'il y ait *reconnaissance* du don. C'est la gratitude qui nous ouvre à la communion ; la louange qui nous introduit au Royaume des saints et des anges. L'eucharistie est ce grand *Merci* ecclésial qui devient l'écrin du don pascal, la crèche de la chair sacerdotale du Sauveur du monde – de notre monde. Dieu nous y dit « me voici ! » (Isaïe 58, 9), et forts de cette promesse, nous pouvons dès à présent, dans la foi, lui dire merci et chanter sa venue. Alors Jésus, voyant notre cœur tout désireux de lui, notre communion fraternelle toute tendue vers lui, notre humanité pécheresse toute éperdue en lui, à sa merci, nous dira lui-même Merci en nous faisant grâce, en se donnant à nous, en nous faisant entrer dans son mystère rédempteur. Car enfin il pourra faire de nous, petit à petit, pas à pas, messe après messe, son Royaume.

Avoir la « forme du Christ », ou laisser le Christ se former en nous, c'est retrouver cette ressemblance d'avec lui abîmée en nous – dans les deux sens d'altération ou de chute dans un précipice sans fond – depuis la faute originelle (Genèse 1, 26 ; 3, 10), biffure contresignée à chacun de nos péchés personnels. Cette ressemblance à recouvrer donc, est double : corporelle, en vertu de notre lien de famille du fait de notre création par Dieu notre Père ; spirituelle par un lien d'amitié cordiale originaire que le Fils est venu en nous restaurer. Il s'est fait notre frère en se faisant chair pour que notre chair elle-même porte l'empreinte de ses traits divins. Il s'est fait notre ami véritable en mourant pour nous, afin que notre cœur lui soit à jamais conquis. « Il n'y a pas de plus grand amour que de donner sa vie pour ses amis. Vous êtes mes amis si vous faites ce que je vous commande ; mon commandement, le voici : aimez-vous les uns les autres comme je vous ai aimés » (Jean 15, 13-14 et 12).

Son Corps nous nourrit et nous configure à lui. Son sang coule du calice en nos veines jusqu'en nos âmes. Par là même, la ressemblance se triple dès lors. Nous ne sommes plus seulement appelés à être les amis du Christ en lui ressemblant spirituellement, ce qui serait déjà beaucoup, ni même à mériter d'être nommés ses frères ou ses sœurs en laissant cette ressemblance transparaître jusqu'en notre corps comme le charme d'un « air de famille », ce qui s'avérerait assez prodigieux, mais à reproduire et transmettre cette ressemblance à d'autres par un lien désormais nuptial, ce qui demeure mystérieux et inespéré. « Qui a l'Épouse est l'Époux » (Jean 3, 29), et c'est jusque-là que le mystère de l'Incarnation veut se déployer. Jusqu'à s'engendrer en nous pour nous faire engendrer le

Christ dans les autres. Pour, avec l'aide de l'Esprit Saint, et à son ombre (Luc 1, 35), par l'union eucharistique au Christ Époux de l'Église, révéler la ressemblance divine en ceux qui nous entourent par le cadeau de notre charité « en actes et en vérité » (1 Jean 3, 18). « Celui qui fait la volonté de mon Père qui est aux Cieux est pour moi un frère, une sœur – une mère » (Matthieu 12, 50).

Le Christ vient sacramentellement dans notre cœur comme le frère, l'ami et l'époux, intime à notre intériorité qui trouve en lui sa consistance, sa raison d'être, sa profondeur ; intime à notre vie qui découvre ainsi sa *vraie forme*, son horizon, son épaisseur. Une forme de croix à jamais glorieuse, parce que si féconde. Le Royaume des Cieux tant attendu, pour nous donc, c'est Jésus. C'est lui notre Ciel. Mais pour Jésus, le Royaume du Père, c'est nous tous. Serons-nous là au rendez-vous ? Dieu nous a, en effet, « destinés d'avance à être configurés à l'image de son Fils, pour que ce Fils soit le premier-né d'une multitude de frères » déclare Paul (Romains 8, 29). Cette configuration qui commence au Baptême, est comme réactualisée à chaque eucharistie. Il vient donc à nous, et il veut faire de nous son Royaume, sa demeure. C'est déjà beaucoup. Mais il y a plus encore. Il ne veut pas seulement habiter chez nous, ni même simplement nous conformer à lui, il veut assumer tout de nous, tout traverser, tout purifier, tout *s'incorporer*.

Jésus qui *vient dans nos cœurs*, c'est aussi Jésus qui s'approprie notre vie, notre histoire, notre chair. Pour autant qu'on le laisse faire. Là est le plus beau de cette venue car elle devient ainsi ce Noël de tous les instants. Le cadeau de Dieu déballé, reçu, remercié, transforme chaque journée en une nativité[1]. Le sapin peut être défraîchi, les santons remisés, la crèche est désormais à jamais dressée à même notre chair eucharistiée. Et l'Enfant-Dieu

1. La mystique rhénane appelle ceci « la naissance de Dieu dans l'âme ». Ainsi MAITRE ECKHART (XIVe siècle) exhorte-t-il : « Veille seulement à cette naissance en toi et tu trouveras tout bien et toute consolation, toute joie, tout être et toute vérité. Oublie-la, et tu perdras également tout bien et tout bonheur » (*Sur la naissance de Dieu dans l'âme, Sermons 101-104*, Orbey, Arfuyen, 2004, p. 67).

y rayonne en sa fraîcheur matutinale. C'est jusque-là que va la transformation, c'est jusque-là que va la configuration, c'est jusque-là que va la transsubstantiation. Jésus a pris chair un jour du temps, mais il veut désormais que nous lui offrions, en sus de notre cœur, notre propre chair pour habiter tous les temps. Il désire que nous lui soyons chacun comme « une humanité de surcroît en laquelle il renouvelle tout son mystère », comme l'écrit sainte Élisabeth de la Trinité[1].

1. Expression du père Vallée, dominicain, reprise et intégrée dans la célèbre prière de sainte Élisabeth de la Trinité du 21 novembre 1904 à qui on l'approprie désormais.

Marie, la Vierge de l'Avent, enceinte du Fils Unique, est bien celle qui tisse en son sein la chair du Verbe à partir de sa chair de mère. Mais elle est aussi, spirituellement, celle qui vit de sa Chair à lui, eucharistique et sacerdotale, jusque dans sa chair à elle. Dieu a voulu en effet faire perdurer cette connivence de chair en l'universalisant par le sacrement, et Marie y a communié de tout son être. Désormais le Christ vit ce que nous vivons par son Corps eucharistique uni à notre chair. Ainsi naît-il en nos cœurs. Ainsi nourrit-il nos âmes. Ainsi informe-t-il notre vie de sa Vie divine, mais aussi sa Vie de notre propre vie humaine, avec ses beautés et ses misères. Guerric d'Igny aimait à dire que :

Ce mystère orienté à la rédemption est aussi un exemple proposé à notre imitation. [...] C'est-à-dire que, si tu veux bien recevoir avec foi la Parole sortie de la bouche du messager céleste [comme Marie], tu peux toi aussi concevoir ce Dieu que la terre tout entière ne peut contenir ; le concevoir en ton cœur, non en ton corps ; ou plutôt si : même en ton corps, quoique ce ne soit pas par une opération ou une manifestation corporelle ; vraiment en ton corps, puisque l'Apôtre [saint Paul] nous ordonne de glorifier et de porter Dieu en notre corps ! Ainsi donc veille[1]...

---

1. Guerric d'Igny, *Deuxième sermon pour l'Annonciation*, 4, dans *Sermons*, t. II, Paris, Éd. du Cerf, « Sources chrétiennes », n° 202, 1973, p. 139-141.

Il ne suffit pas à Dieu d'habiter notre cœur profond, il veut par-là rayonner jusqu'en notre chair, jusqu'en notre corps, jusqu'en nos relations humaines, familiales, fraternelles, sociales ou ecclésiales. C'est ce cadeau que Dieu espère de nous : un Noël qui n'en finit pas, continué dans l'amour émerveillé de notre cœur, dans le concret fragile de notre chair, dans le don gratuit de notre vie. Et qui vient tout baigner de sa joyeuse lumière[1]. Cela est vrai à l'échelon

---

1. Sainte Thérèse-Bénédicte de la Croix (Edith Stein), une autre carmélite, nous l'enseigne quand elle explique : « De cette intériorité la plus profonde résulte aussi le rayonnement [...], l'épanouissement spirituel [...] qui est involontaire. Plus la vie d'un homme est concentrée dans cette intériorité la plus profonde de son âme, plus ce rayonnement qui émane de lui et attire d'autres hommes dans son

personnel, mais l'est également plus encore au niveau interpersonnel, communautaire, car si nous partageons la même Vie de Dieu, si nous communions au même Corps du Christ, si nous vivons sans cesse du même Esprit de paix, de pardon et de charité, Dieu lui-même entre dans cette chair commune que nous tissons et il pourra s'y dire à l'aise. Cette chair a donc un nom, l'Église, et elle est universelle. Dieu rêve d'en faire l'Épiphanie de son amour. Il veut que se lise sur nos visages la clarté de l'étoile de Noël. Pour que d'autres sachent qu'il y a un Ciel.

Le Christ prend tout, assume tout, passe à travers tout, si nous nous offrons à sa

sillon est puissant », E. STEIN, *L'être fini et l'être éternel*, Beauvechain, Nauwelaerts, 1972, p. 437.

lumière comme un vitrail dont la grisaille même n'empêche pas la clarté de le traverser. Au contraire, nous devenons dès lors, et toujours selon les mots de Claudel,

> ce rideau de verre, cette confession ardente faite de couleurs pulvérisées et de points lumineux, qui ont valeur moins d'un récit que d'un hymne simultané et d'une explosion permanente. Ce qui n'était que pigment sur la terre est glorifié dans le ciel par le moyen de la transparence[1].

C'est dans l'église que se trouvent les vitraux : dans le lieu où se célèbre l'eucharistie. Tout un symbole. La clarté de

1. P. Claudel, *L'œil écoute*, Paris, Gallimard, 1946, p. 122-123.

l'étoile de Noël scintille furtivement déjà *à travers* le vitrail ecclésial, pour nous inviter, par la messe et la tendresse, à préparer avec la Vierge Marie – si transparente à la grâce qu'elle en est à jamais *comblée* – le cadeau luminescent dont le monde a vraiment besoin : donner chair enfin à Dieu qui vient.

Épilogue

MARANATHA, VIENS SEIGNEUR JÉSUS !

Il est venu dans la chair, il viendra dans la gloire, mais déjà *il vient en nos cœurs.* « Oui, Je viens bientôt ! Amen ! – *Maranatha*, Viens Seigneur Jésus ! » (Apocalypse 22, 20). C'est ainsi que se conclut le livre de l'Apocalypse, littéralement livre de *la Révélation*, et avec lui la Bible elle-même. Tout finit non pas tant en une saga de catastrophes et de fléaux effrayants, comme on le pense de prime abord en une lecture superficielle, mais en un dialogue d'espérance et en une promesse d'advenue ; en une présence mutuelle. Nous sommes faits pour cette Rencontre qui est le terme et la finalité de toutes choses en ce monde. L'univers entier est tendu vers ces « Noces éternelles » qui seront les nôtres si nous nous livrons à Celui qui, pour cela, s'est livré pour nous. Les Cieux nouveaux s'ouvriront à une terre devenue nouvelle de s'être laissée transfigurée par le rayonnement dialogal – Verbal – d'un Amour divin (Apocalypse 21,1).

À l'école de cet échange ultime, nous percevons combien la période de l'Avent s'avère propice pour nous rendre attentifs à cette union transformante qui, sous des modalités différentes, nous apprend la belle proximité de Dieu-Trinité. S'il en est une qui peut nous apprendre l'hospitalité du cœur qui nous est ici demandée, en vue de la naissance en nous de cet Amour, naissance « par Lui, avec Lui et en Lui », selon la belle formule liturgique, c'est bien la Vierge Marie. Elle, toute disponible au Dessein bienveillant de Dieu sur l'humanité, est la patiente Fille de Sion qui scrutait dans les Écritures et les événements les signes du Messie promis. Elle en est devenue, par grâce, la Mère du Verbe incarné, toute relative à son Dieu et fils premier-né. La Vierge de l'Avent, selon l'iconographie byzantine, est représentée « en orante », les deux bras levés et tendus vers Celui qui vient tout en étant déjà mystérieusement là, puisqu'il est figuré sur son sein dans une mandorle, parfois soutenue par les chérubins de la *Shékinah*, en allusion à la présence divine du Saint des saints. Marie est devenue le sanctuaire du vrai Temple qui est le Corps du Christ. Lui, tout enfant qu'il est, bénit en un geste d'autorité divine. Elle, supplie et chante avec les deux bras de la louange et de l'intercession, à la manière de Myriam ou de Moïse. On se souvient en effet que le premier chant mentionné dans la Bible est celui de la sœur de Moïse, Myriam, sur le bord de la mer rouge, une fois le miracle de la traversée à pieds secs accompli (Exode 15, 20). C'est un chant pascal au son du tambourin qui résonne alors, et qui traverse depuis toutes les hymnes de nos célébrations, jusqu'au *Magnificat* de Marie (Luc 1, 46) et au Cantique de l'Agneau Vainqueur, qui retentissent éternellement dans la Jérusalem céleste (Apocalypse 15, 3). Et comme Moïse à Réfidim, les bras levés en prière (Exode 17, 11-12), Marie assiste ses enfants dans le combat spirituel de cette vie, appelant la miséricorde du Seigneur sur chacun et sur tous. Elle est elle-même la Terre de la Promesse et le lieu de l'accomplissement du Signe tant attendu : « Voici que la vierge est enceinte, elle enfantera un fils et on l'appellera Emmanuel, c'est-à-dire Dieu avec nous » (Isaïe 7, 14). D'où le nom de cette icône spécifique à l'Avent et à l'attente des derniers jours avant Noël : *la Vierge du Signe*. Image à la fois du désir et de la prière par ses mains levées, elle devient ostensoir de l'invisible Présence en son sein caché, soif et canal d'une Rencontre à jamais espérée – du côté de l'homme, parfois inconsciemment ; du côté de Dieu, toujours éperdument. Elle nous entraîne à cette intériorité inhabitée, et semble par son geste clamer en silence à la fois *Maranatha !* et *Il est là* ! (Ézéchiel 48, 35). Il est là en moi, en toi, en nous, en l'enceinte de cette « Jérusalem » nouvelle, céleste et spirituelle, que toute charité édifie. Là où « amour et vérité se rencontrent, justice et paix s'embrassent » (Psaume 84, 11). Saurons-nous l'acter, dans tous les sens du terme, et nous en émerveiller ? Tout l'enjeu de nos vies se tient sans doute dans ce regard d'enfant, vierge et immaculé, retrouvé ou refusé.

Chaque temps liturgique déploie sa grâce propre pour que Le Mystère épouse notre temporalité, transie dès lors d'éternité. Mais il y a une dimension spécifique du temps de l'Avent, à la fois mariale, eschatologique et eucharistique, on l'aura compris, qui lui donne une saveur toute particulière, douce et grave, intime et universelle, cordiale et feutrée. La scintillation de l'Étoile de Noël y est à peine perceptible, et pourtant elle entraîne déjà par avance à s'engager sur le chemin raboteux de la grotte qui deviendra crèche une nuit durant. Une nuit d'émerveillement, faite du regard croisé des anges et des enfants, des hommes et de L'Enfant. La liturgie de l'Avent cherche à nous enseigner à *vivre dans ce regard*[1] qui à la fois nous grandit et nous dévoile notre petitesse. Ce dévoilement, cette Révélation, fait notre joie radieuse, car Il est d'autant plus grand Celui qui advient alors en pleine lumière[2] !

---

1. Voir R. GUARDINI pour qui la liturgie rend « l'aptitude à vivre dans un regard » (*Les sens et la connaissance de Dieu*, Paris, Éd. du Cerf, 1954, p. 103).

2. « Notre émerveillement est simultanément la révélation sans esquive [...] de notre faiblesse. La surabondance qui nous enveloppe ne rayonne pas de nous, nous sommes pris nous-mêmes dans son

L'espérance met en veille et en marche ceux qui s'y abandonnent, et les conduit dans l'obscurité plus sûrement qu'en plein jour. Au terme, nous serons tous accueillis par Celui qui n'a pas trouvé chez nous où reposer la tête (Matthieu 8, 20), sinon sur la Croix (Jean 19, 30), car il n'y avait pas de place pour Lui dans la salle commune de nos mondanités (Luc 2, 7). L'Avent tisse en filigrane les fils d'or de la Parousie, mais la Nativité met au jour dans l'écarlate du mystère pascal. Et les trois « venues » du Seigneur ne cessent d'en ourdir la trame de nos existences pour les ajourer ainsi à l'éternelle Vie. Puissions-nous par là même tenir en éveil la mémoire de son Amour

---

rayonnement », J.-L. CHRÉTIEN, *L'effroi du Beau*, Paris, Éd. du Cerf, 1987, p. 25.

dans le Mémorial de son advenue. Et une dernière fois laisser résonner les paroles du Bienheureux d'Igny :

> Le premier avènement a donc été celui de la grâce ; le dernier sera celui de la gloire ; celui-ci est à la fois de grâce et de gloire ; il nous procure par la grâce qui nous console comme un avant-goût de la gloire future. Si dans le premier, le Dieu de majesté s'est montré méprisable, et si dans le dernier il doit apparaître redoutable, dans cet avènement intermédiaire il apparaît à la fois admirable et aimable. [...] « Contemplant la gloire du Seigneur, nous sommes transformés en cette même image de gloire en gloire, comme par l'Esprit du Seigneur » [2 Corinthiens 3, 18]. Moment merveilleux et tout aimable que celui où Dieu-Amour pénètre dans l'âme qui aime, où l'Époux étreint l'Épouse dans

l'unité d'esprit, où elle se trouve transformée en cette même image où elle contemple, comme dans un miroir, la gloire du Seigneur. Qu'ils sont heureux, ceux dont l'ardente charité a déjà mérité d'obtenir cette faveur ! Mais bienheureux aussi ceux dont la sainte simplicité peut espérer de l'obtenir un jour[1] !

---

1. GUERRIC D'IGNY, *Deuxième sermon pour l'Avent*, 4 dans *Sermons*, t. I, p. 115-117.

Table des matières

Imprimé en France
par Présence Graphique

N° d'imprimeur : 072169655
Achevé d'imprimer : juillet 2021
Dépôt légal : octobre 2021